我默默地恨着你

[德] 纳丁·雷德里希 著绘 塔奇拉 译

南海出版公司

新经典文化股份有限公司
www.readinglife.com
出　品

I HATE YOU

YOU JUST DON'T KNOW IT YET

献给：

我的一生所爱

（目前为止）

看看你

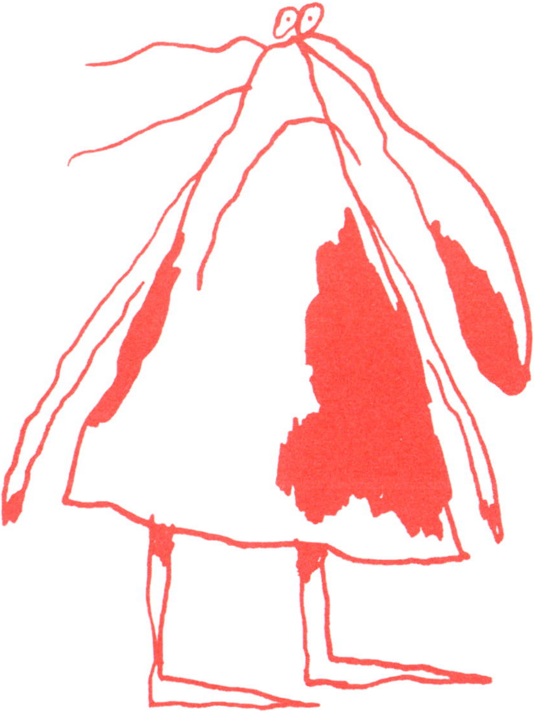

[redacted]你的

[redacted]生活

你最重要

我热爱

从你眼中看到的世界

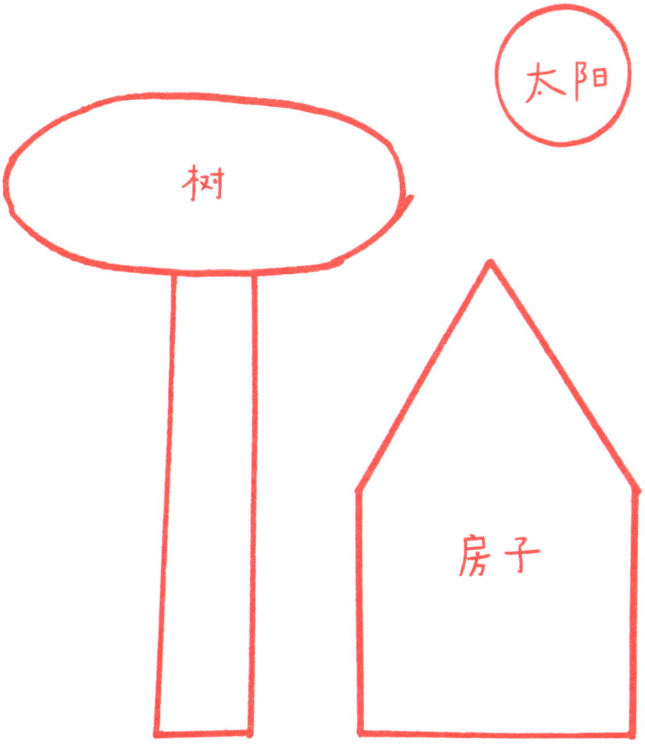

我们的爱情就像

这个漂亮的瓶子

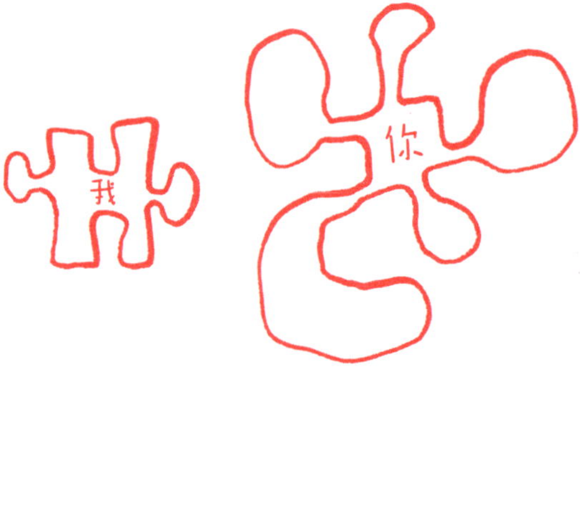
我
你

指示牌

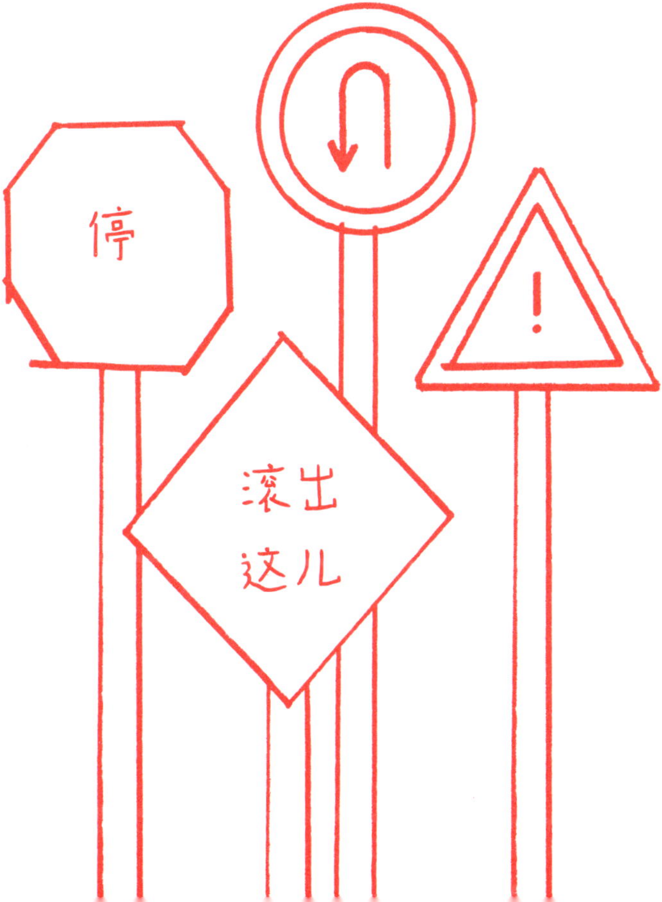

看星星的时候

我会想起你

该离开了

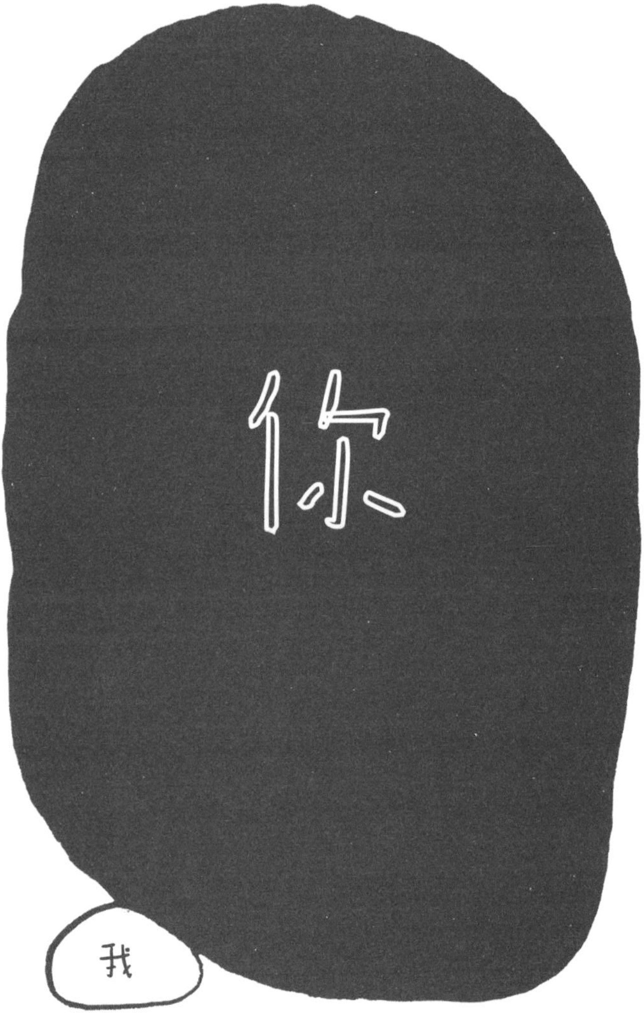
你
我

最好不要跟我说话

我们的爱情就像
这个漂亮的瓶子

自从我们在一起
我连屁都没放过一个
要是你滚出我的生活
我会连放三天三夜

想干吗，就干吗

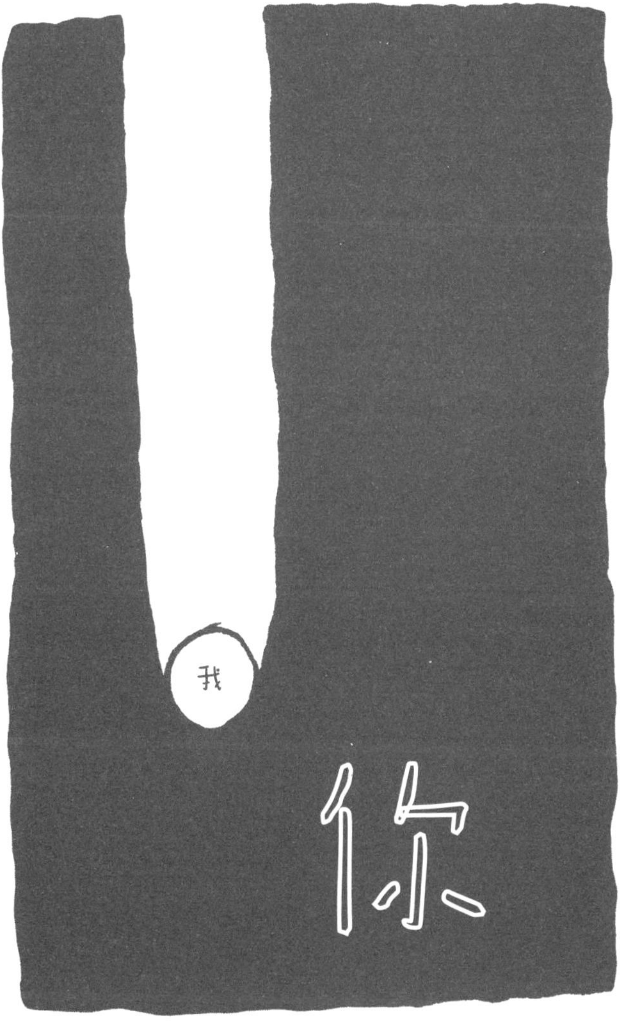
我
你

擦

纠结永无止境

结婚算了

最好不要跟我说话

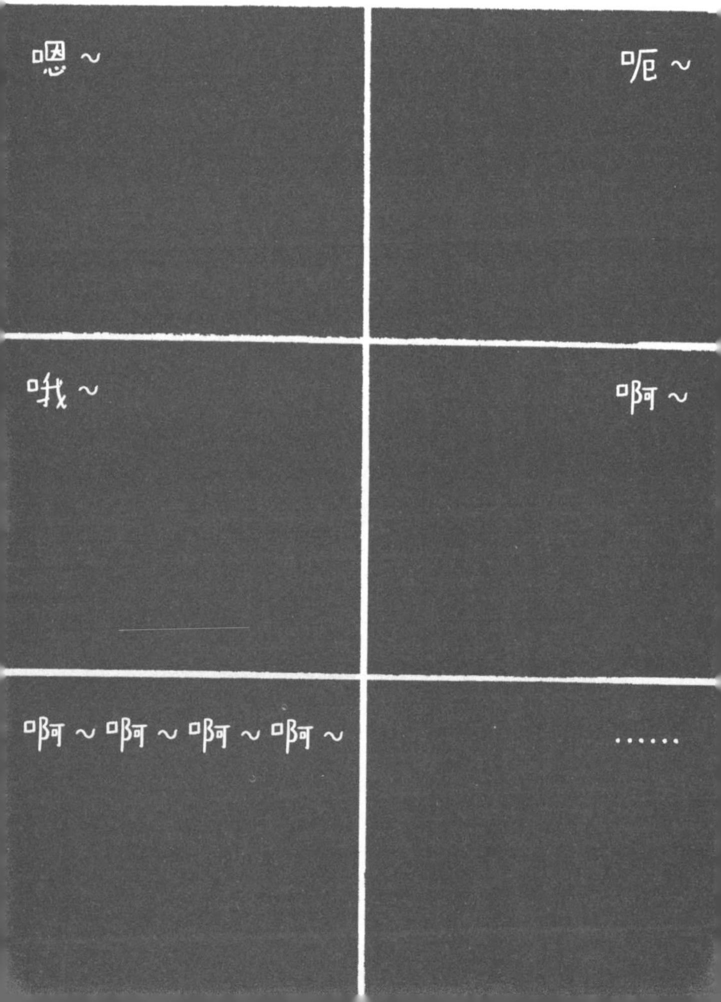

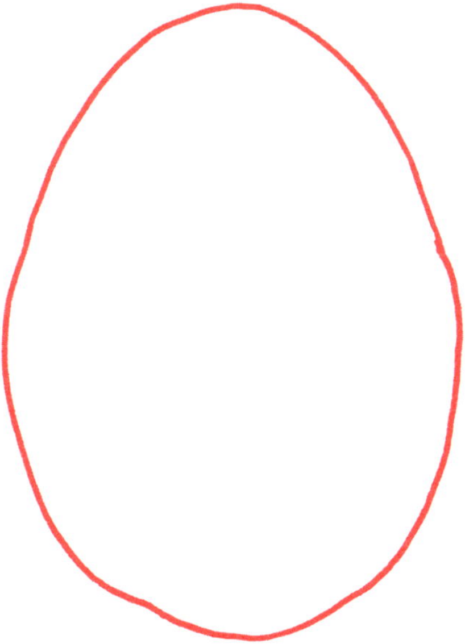

你的身材最棒啦

若能重回初吻时刻

我要吐你嘴里

你值得爱

也将获得爱

该发生的

[redacted] 都会 发生

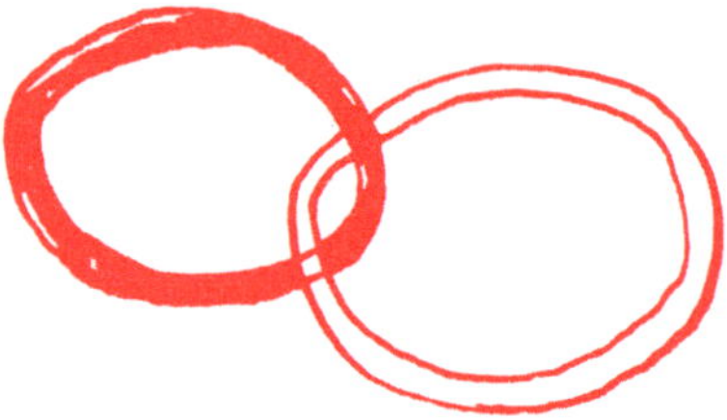

有一天

我们会一笑而过

我

就爱

破罐子

破摔

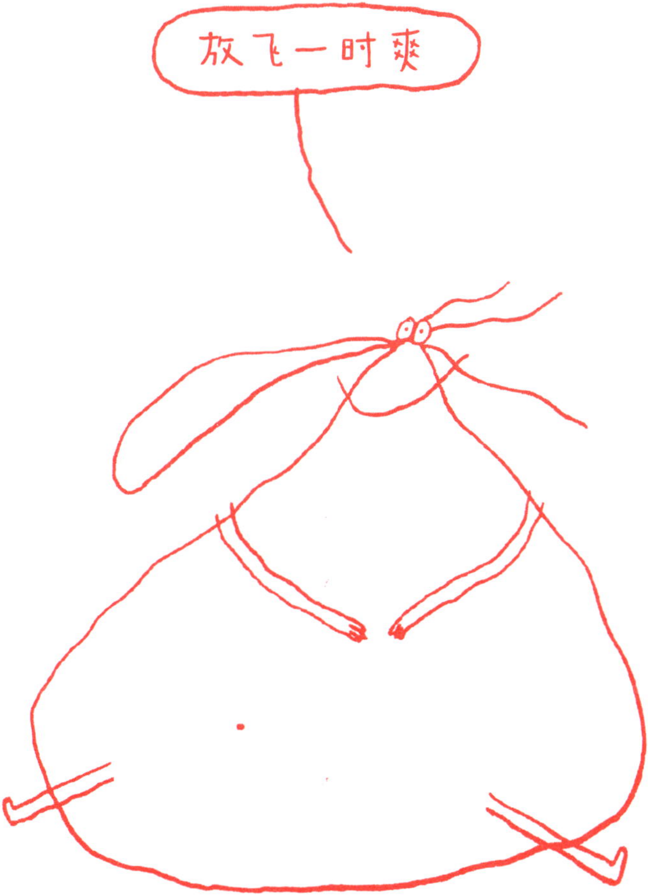
放飞一时爽

（一直放飞一直爽）

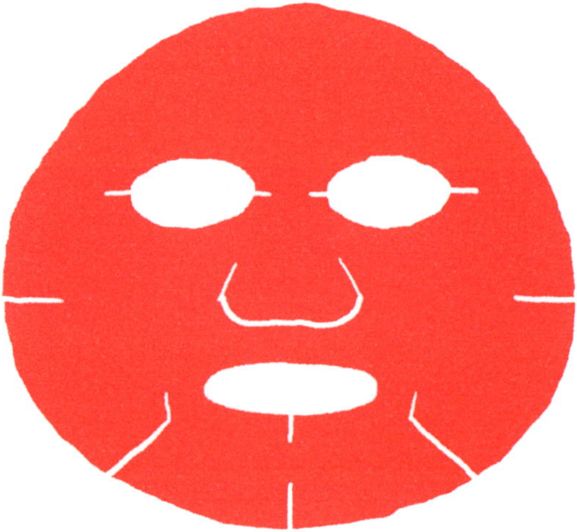

人会变

救命

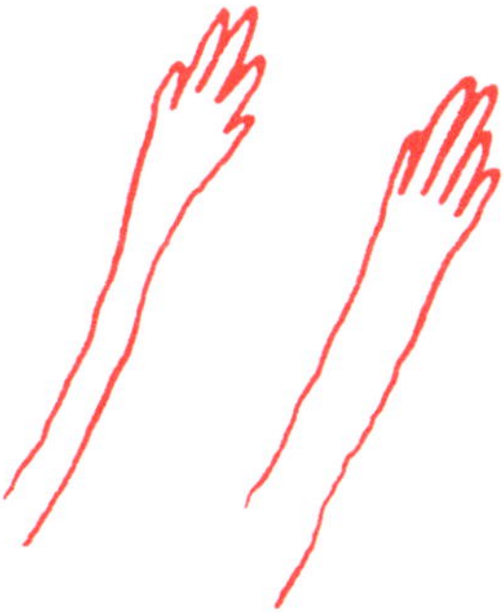

我们的爱情就像

这个漂亮的瓶子

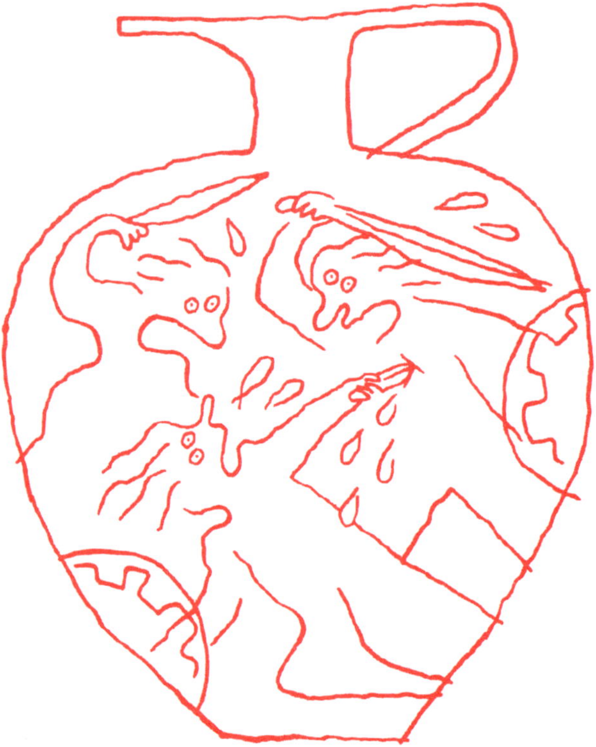

没人想记得

你的身材最棒啦

糟蹋

就喜欢你~~浪费~~

我的时间

总是你

你

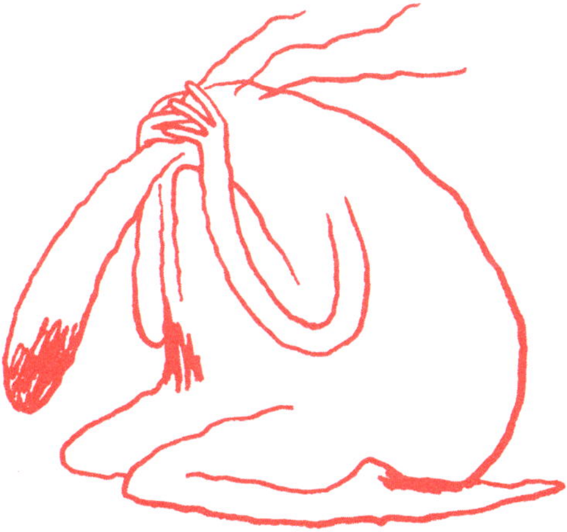

该发生的都会发生

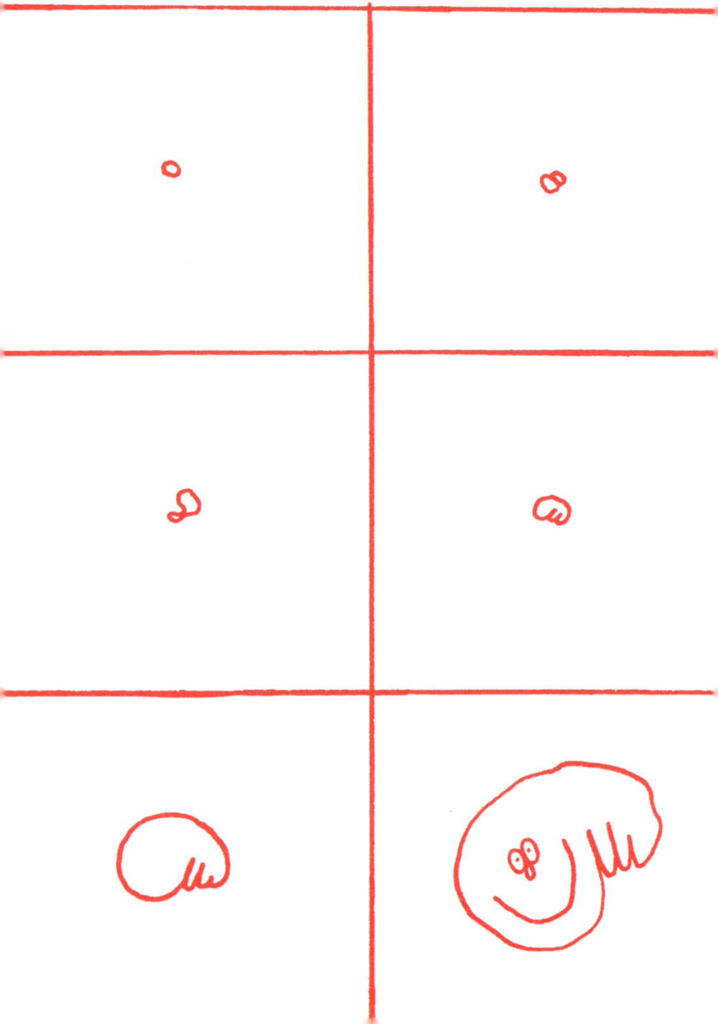

我们的爱情就像
这个漂亮的瓶子

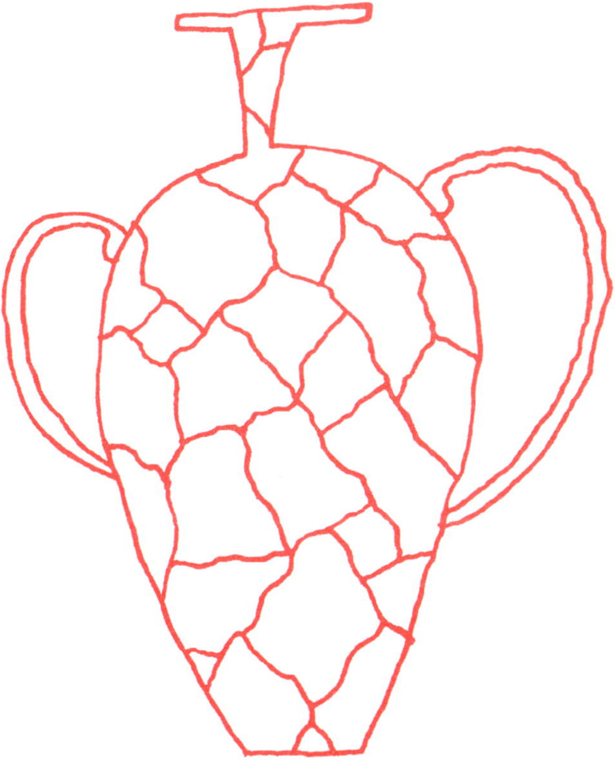

我热爱

从你眼中看到的世界

莫名其妙

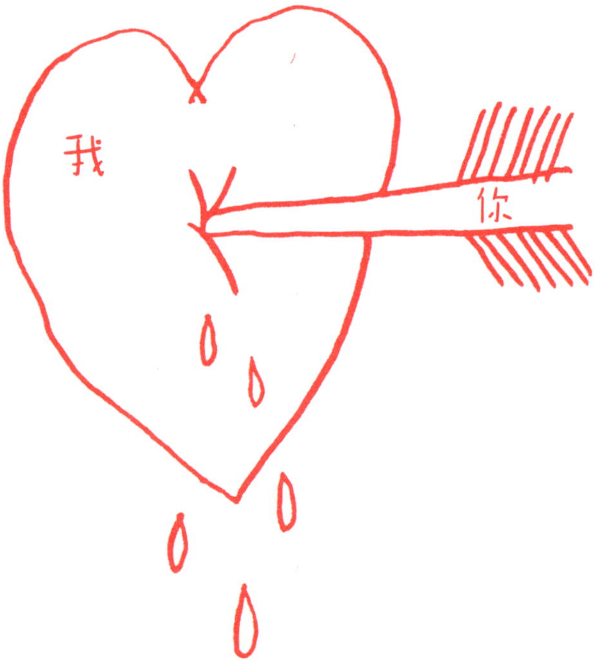
我
你

界限

……你要的回答：你知道那种感觉吗——当我爱上谁，闭上眼，我会想不起他的脸；但会觉得两个人在一起，心里是暖的。好吧，现在我闭上眼，你的脸无比清晰。

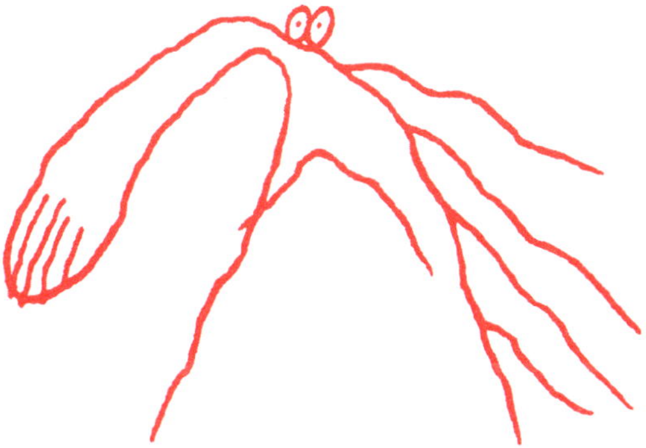

最好不要跟我说话

哪怕一句	一个词
一个字	一切
EVERYTHING	一切……

我们的爱情就像这个

[redacted] 漂亮的瓶子

你
我

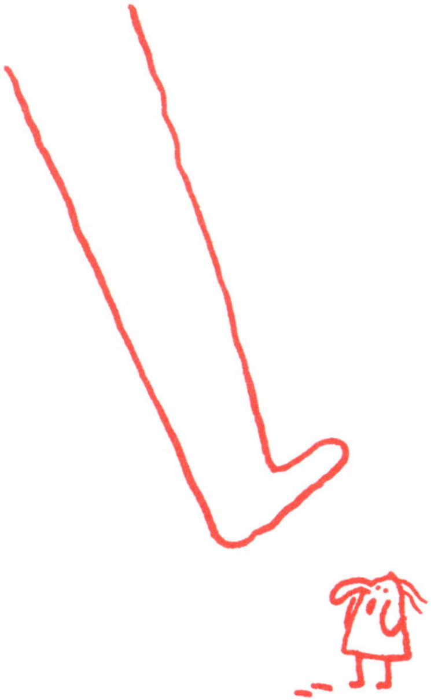

爱情让人瞎了眼

你，把我的世界
打翻在地

就喜欢你糟蹋

人生

我的 ~~时间~~

你们围观全程

谁真的关心过

你的后脑勺超好看

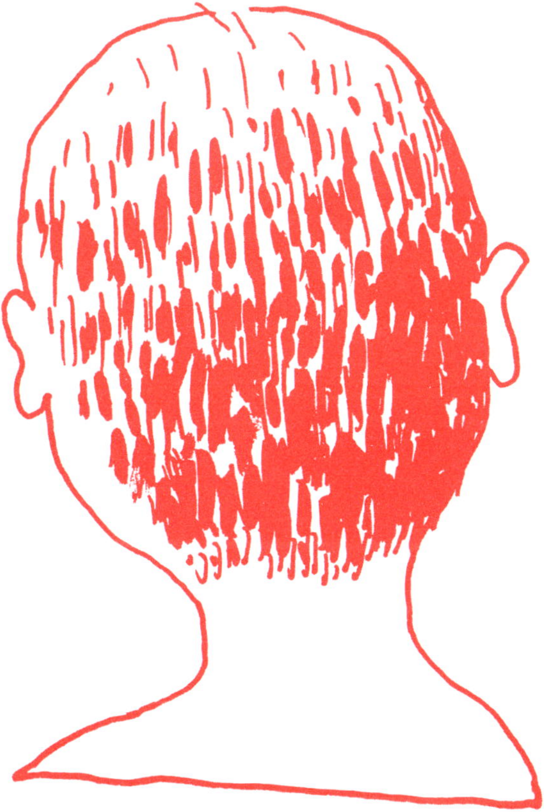

我们的爱情就像
这个漂亮的瓶子

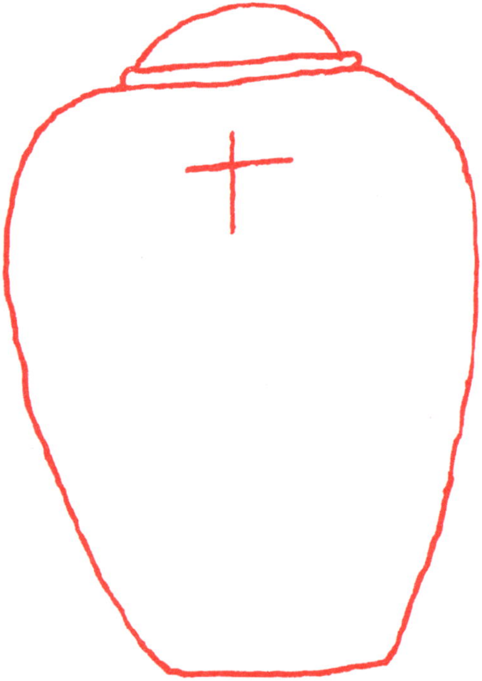

I ♥d U

(爱过)

界限

没用了

噗

我的屁

让我想起

你的屁

感谢你的一切

纳丁·雷德里希

NADINE REDLICH

德国独立插画界代表人物。多伦多、伦敦等漫画艺术节的常邀嘉宾。她擅长用图文故事表达生活中的小情绪，简单、直接、幽默、微妙地将日常与扎心融合到一起。作品识别度高、普适性强，让人一看就懂、瞬间释怀、笑中带泪，尤其受亚洲读者喜爱。

著作权合同登记号　图字：30-2019-136

图书在版编目（CIP）数据

我默默地恨着你 /（德）纳丁·雷德里希著绘；塔奇拉译. —— 海口：南海出版公司，2019.10
ISBN 978-7-5442-9667-0

Ⅰ. ①我… Ⅱ. ①纳… ②塔… Ⅲ. ①爱情－通俗读物 Ⅳ. ①C913.1-49

中国版本图书馆CIP数据核字（2019）第197856号

我默默地恨着你

〔德〕纳丁·雷德里希 著绘
塔奇拉 译

出　　版　南海出版公司　（0898）66568511
　　　　　海口市海秀中路51号星华大厦五楼　　邮编 570206
发　　行　新经典发行有限公司
　　　　　电话（010）68423599　　邮箱 editor@readinglife.com
经　　销　新华书店

责任编辑　侯晓琼　余梦婷
营销编辑　辛　颖
装帧设计　李照祥
内文制作　博远文化

印　　刷　北京中科印刷有限公司
开　　本　787毫米×1092毫米　1/32
印　　张　2.5
字　　数　15千
版　　次　2019年10月第1版
印　　次　2019年10月第1次印刷
书　　号　ISBN 978-7-5442-9667-0
定　　价　35.00元